NOTICE

PAR ORDRE ALPHABÉTIQUE

Des Morts et des Blessés

CIVILS ET MILITAIRES;

À LA SUITE

DES ÉVÈNEMENS DE LYON DES 21, 22 ET 23 NOVEMBRE 1831;

EXTRAITE

des registres des hôpitaux de Lyon et de Trévoux, des mairies de
Lyon et de la Croix-Rousse, des journaux, etc. etc.

Abre (Jean-Baptiste), dragon au 12.e régiment, blessé.

Acher, conseiller à la cour, colonel de la garde nationale,
blessé.

Alibert (André), 17 ans, ouvrier en soie, rue Neyret,
blessé.

André (Quirin), dragon au 12.e régiment, blessé.

Arnaud, banquier, rue des Deux-Angles, blessé.

Aubert (François), grenadier au 66.e régiment de ligne,
blessé.

Aubert, adjud.-sous-officier de la garde nationale, blessé.

Aubry, lieuten. de l'artillerie de la garde nationale, blessé.

Aucourt (Jacques), 16 ans, indienneur, faubourg St.-
Clair, blessé.

Augros (Antoine), caporal au 13.e régim. de ligne, blessé.

Badin (Joseph), 18 ans, tailleur d'habits, rue Gentil, blessé.

Bagut (Henri), dragon au 12.e régiment, blessé.

Baltzer (Laurent), grenadier au 66.e de ligne, blessé.

Barbazan (André-Joseph), lieutenant au 66.e régiment de ligne, mort.

Baron (Jacques), 17 ans, mort.

Barthélemy (J.-B.), sergent au 13.e régiment de ligne, blessé.

Basset (Jean), ouvrier en soie, blessure grave.

Baude (Achille), 19 ans, cordonnier, rue Raisin, blessé.

Baude (A.-J.), 19 ans, jardinier, mort.

Baudit, négociant, place des Cordeliers, blessé.

Beauvais (Louis-André), fusilier au 13.e régiment de ligne, blessé.

Berard (François), 20 ans, peintre en voiture, rue de l'Abbaye-d'Ainay, mort.

Beraud (Jean), 20 ans, maçon, à la Croix-Rousse, grande rue, blessé.

Beraud, paveur, à la Guillotière, mort.

Berger (Jacques), 21 ans, cordonnier, rue Bonnevaux, blessé.

Bernada (Antoine), dragon au 12.e régiment, blessé.

Bernard (Claude-Joseph), fusilier au 13.e régiment de ligne, blessé.

Bernard (Pierre), 35 ans, mort.

Bezères (Charles), sous-lieutenant au 66.e régiment de ligne, mort.

Bezuy (Pierre), 21 ans, ouvrier en soie, à la Croix-Rousse, blessé.

Biche (Jean), dragon au 12.e régiment, blessé.

Bienfait (Jean-Antoine), fusilier au 13.e régiment de ligne, blessé.

Billion (Jean-Baptiste), 19 ans, teinturier en soie, à la Guillotière, rue de Condé, blessé.

Binot (François), fusilier au 66.ᵉ, blessé.

Blanc (François), 31 ans, mousselinier, rue Bossuet, à la Guillotière, blessé.

Blanc (J.-P.), 35 ans, chargeur, rue Sala, blessé.

Blancard (François), 40 ans, maçon, rue Henri, blessé.

Blay (Jean-Louis), fusilier au 66.ᵉ régiment de ligne, blessé.

Blot (Sylvain), secrétaire du Bazar polonais, rue Lafont, blessé.

Boiron (J.-B.), 40 ans, fabricant, à la Croix-Rousse, mort.

Boise (Jean), fusiller au 66.ᵉ, blessé.

Boisson (François), 24 ans, ouvrier en soie, rue Maurico, blessé.

Bomert (Michel), voltigeur au 66.ᵉ, blessé.

Bon (Etienne), 22 ans, fusilier au 40.ᵉ de ligne, blessé.

Bongard, 23 ans, fusilier au 66.ᵉ, blessé.

Bonnard (J.-B.), 15 ans, ouvrier en soie, rue de Turenne, aux Brotteaux, mort.

Borrel (Virgile), 27 ans, ouvrier en soie, place du Petit-Collége, mort.

Borron, ouvrier en soie, à la Croix-Rousse, mort.

Bouillet fils, place du Plâtre, blessé.

Bouillon (Jean), sergent au 13.ᵉ de ligne, blessé.

Bourdon, fabricant, aux Pierres-Plantées, n.º 4, une balle dans l'épaule.

Bouscarle (L.-A.), fabricant d'étoffes de soie, mort.

Bouvier (Anthelme), 20 ans, ouvrier en soie, place du pont de la Guillotière, blessé.

Boyer (Jacques), 27 ans, fusilier au 66.ᵉ, blessé.

Bret (Claude), 26 ans, ouvrier en soie, à la Croix-Rousse, mort.

Broche, artilleur de la garde nationale, mort.

Brossard fils, rue Quatre-Chapeaux, blessé.

Brosses (Jean), 27 ans, ouvrier en soie, mort.

Brun (Joseph), 21 ans, ouvrier en soie, à la Croix-Rousse, blessé.

Brunbœuf (Michel), grenadier au 66.e, blessé.

Brunier (Antoine), 18 ans, ouvrier en soie, place Rouville, mort.

Bruno (Mathurin), 23 ans, fusilier au 66.e, blessé.

Bryerant (Désiré), 5o ans, fabricant, mort.

Buchon (Pierre), dragon au 12.e régiment, blessé.

Buffet (Philippe), 20 ans, limonadier, d'Orgelet, mort.

Buisson (Antoine), 36 ans, fabricant, rue Terraille, blessé.

Buissoud (Louis), 26 ans, caporal au 40.e, blessé.

Cagnacelle (Pierre), 19 ans, fusilier au 13.e, blessé.

Canus (Jean), 24 ans, fusilier au 66.e, blessé.

Castan (Jacques), voltigeur au 66.e, blessé.

Céas, brigadier de l'artillerie de la garde nationale, rue Lafont, n.o 6, blessé.

Chabert (Savoyard), 53 ans, ouvrier en soie, rue Paradis, blessé.

Chabout-Molard (Louis), 17 ans, ouvrier en soie, à la Croix-Rousse, mort.

Chabut, aux Brotteaux, mort.

Chanus (Pierre), 27 ans, mort.

Champagne (Denis), fusilier au 66.e, blessé.

Charpy, 37 ans, ouvrier en soie, Grande-Côte, mort.

Chaudier (Balthazar), 17 ans, chapelier, rue Juiverie, blessé.

Chaumetton (Pierre), 25 ans, maçon, rue Tolozan, blessé.

Chauvin (Pascal), soldat hors rang au 66.e, blessé.

Chazalet (Claude), 15 ans, menuisier, rue de l'Hôpital, blessé.

Cherblanc (Louis), 17 ans, portier, rue Masson, blessé.

Chevalier (Benoît), caporal au 13.e de ligne, blessé.

Christophe (Eugène), grenadier au 66.e, mort.

Christophe (François), 26 ans, tailleur, rue Henri, mort.

Civier (Michel), 23 ans, journalier, à St.-Clair, blessé.

Cohuet (François), 25 ans, fusilier au 66.e, blessé.

Colombier (Frédéric), caporal au 66.e, blessé.

Cotte (François), 24 ans, dragon au 12.e régim., blessé.

Coullé (Sébastien), voltigeur au 66.e, mort.

Couteau, ouvrier en soie, à la Croix-Rousse, mort.

Cros (Pierre), 25 ans, chapelier, rue Raisin, blessé.

Cumin (Charles), caporal au 66.e, blessé.

Cusjas (Xavier), fusilier au 66.e, blessé.

Dalbeau (D.lle Marie-Adèle-Louise), 30 ans, morte.

Damesin (Thomas), 25 ans, ouvrier en soie, rue d'En-
 fer, mort.

Danguet (Jean-Marie), fusilier au 66.e, blessé.

Daniel (Paul), ouvrier en soie, blessé.

Daugy (Pierre), 21 ans, cartonnier, blessé.

Daunay (Alexandre), fusilier au 66.e, blessé.

Debestune (François), 26 ans, voltigeur au 66.e, blessé.

Delesse, artilleur de la garde nationale, blessé.

Delétang (Jean), 41 ans, ouvrier en soie, à la Croix-
 Rousse, blessé.

Delhomme (Georges), caporal au 66.e, blessé.

Delille (Napoléon), fusilier au 66.e, blessé.

Delon cadet, négociant, rue Ste.-Marie-des-Terreaux,
 coup de feu à la jambe.

De Malleville (Georges), fusilier au 40.e, blessé.

De Martine, chef de bataillon au 66.e, tué d'un coup
 de feu sur la place des Bernardines.

Denis (André), 24 ans, ouvrier en soie, rue Tronchet,
 à la Guillotière, mort.

Dentuf (Jean), dragon au 12.e régiment, blessé.

Derome, mort.

Desauches (Marcelin), 25 ans, journalier, rue Bouteille, mort.

Desauge (Pierre), 26 ans, journalier, blessé.

Desbois (D.lle Louise), 22 ans, ouvrière en soie, rue Groslée, blessée.

Desflêches (René), 24 ans, ouvrier en soie, à la Croix-Rousse, mort.

Desprez (Emmanuel), fusilier au 66.e, mort.

Destail (Léonard), 27 ans, fusilier au 66.e, blessé.

Dinan (Thiery), 29 ans, maréchal-des-logis au 12.e de dragons, blessé.

Dornier (Jean), fusilier au 13.e de ligne, blessé.

Dray (Jean-Antoine), sergent au 66.e, blessé.

Droin (Dominique), dragon au 12.e régiment, mort.

Dubois (Pierre), 24 ans, dragon au 12.e régim., blessé.

Dubray (Pierre-Laurent), 22 ans, dragon au 12.e, blessé.

Duchêne (Laurent), fusilier au 66.e, mort.

Dulac, tambour des voltigeurs de la 1.re légion de la garde nationale, blessé.

Dulignier, artilleur de la garde nationale, blessé.

Dumas (Robert), 39 ans, menuisier, rue Porte-Froc, blessé.

Dumenge (Claude-Joseph), 35 ans, voyageur en librairie, petite rue des Feuillans, blessé.

Dupont (Jean-Louis), 35 ans, bijoutier, rue Grenette, mort.

Dupuys (Pierre), 27 ans, fusilier au 66.e, blessé.

Durambeau (Sébastien), 27 ans, tuilier, sans domicile, blessé.

Durand (D.lle Angélique), 63 ans, ouvrière en soie, morte.

Durcheux (Jean-Guillaume), fusilier au 66.e, blessé.

Dusset (Rodrigues), dragon au 12.e régiment, blessé.

Engel (Joseph), voltigeur au 13.e de ligne, blessé.

Erhard (Marin), caporal au 13.e de ligne, blessé.

Escalant (Pierre), 32 ans, mort.

Farmoutier (Romain), caporal au 66.e, blessé.

Faure (Marius), 55 ans, maçon, rue Bourgchanin, blessé.

Faure (Philibert), 21 ans, maçon, à la Guillotière, blessé.

Favier (Pierre), 14 ans, lanceur, côte des Carmélites, blessé.

Favier (Simon), dragon au 12.e régiment, blessé.

Fernon (Nicolas), 36 ans, dessinateur, rue Buisson, mort.

Fichet, 19 ans, grenetier, place des Cordeliers, mort.

Florence (Barthélemy), 18 ans, mort.

Folliet (Charles), 23 ans, ouvrier en soie, rue Charlemagne, à la Guillotière, mort.

Francalet (Anthelme), 22 ans, mort.

François (Camille-Léon), sapeur du génie, blessé.

François (Jean), dragon au 12.e régiment, blessé.

François (Nicolas), fusilier au 13.e de ligne, blessé.

Françoise Berard, ouvrière en soie, morte.

Freminany (Eugène), voltigeur au 66.e, blessé.

Fusil (Claude-Marie), 21 ans, fusilier au 13.e, blessé.

Gabson (Claude), voltigeur au 13.e de ligne, mort.

Gagniot (Paul-François), 24 ans, carrioleur, à Caluire, blessé.

Gardien (François), 27 ans, soldat au 66.e, mort.

Gardon (Jean), 50 ans, maçon, rue Bourgchanin, blessé.

Garbelier (Joseph), caporal au 13.e de ligne, blessé.

Garnier (Marc-François), caporal au 66.e, blessé.

Gastaldy (Louis-Etienne-François-Marie-Marguerite), 44 ans, capitaine de grenadiers au 66.e, mort.

Gayenait (Alin-Maurice), 36 ans, mort.

Gerard (Joseph), chef de bataillon au 66.e, blessé.

Gerby (Jacques), fusilier au 13.e, de ligne, blessé.

Geric (Jean), 23 ans, fusilier au 66.e, blessé.

Giguet (Antoine), 17 ans, corroyeur, rue Groslée, blessé.

Ginod (Antoine), 23 ans, fusilier au 66.e, blessé.

Girard (Réné), 25 ans, fusilier au 66.e, blessé.

Girardin (Charles), 28 ans, ouvrier en soie, rue Tolozan, mort.

Giraudon (Jean-Baptiste), soldat du génie, blessé.

Gonin (Sébastien), 33 ans, mort.

Gonin, 91 ans, ex-fabricant, Grande-Côte, mort.

Gonnelle, fabricant de bijouterie, petite rue Mercière, blessé.

Gourgeau (Antoine), 33 ans, mort.

Govin (Louis), dragon au 12.e régiment, blessé.

Goyer (Nicolas), 22 ans, fusilier au 66.e, blessé.

Graffin (François), voltigeur au 66.e, blessé.

Guigue (André), 24 ans, ouvrier en soie à la Croix-Rousse, grande place, mort.

Guilleron (Auguste), voltigeur au 66.e, blessé.

Guillot (Jean), blessé.

Guilloux (Jean-Baptiste), grenadier au 66.e, blessé.

Guisnon (Jean-Joseph), caporal au 13.e de ligne, mort.

Guize (Louis), 64 ans, journalier à la Croix-Rousse, mort.

Harnold (Joseph), 23 ans, dragon au 12.e régim., blessé.

Herbier (Claude), 31 ans, ouvrier en soie, sur les Tapis, à la Croix-Rousse, blessé.

Heude (François), voltigeur au 66.e de ligne, blessé.

Hotau (Jean-Joseph), caporal au 66.e de ligne, blessé.

Houdet (Denis), 31 ans, ouvrier en soie, rue Moncey, à la Guillotière, blessé.

Jaboulet (Antoine), 40 ans, mort,

Jacquot (Jean-Michel), sergent au 66.e de ligne, mort.

Jallot (Jean), sapeur au 66.e, blessé.

Jean (Antoine-Auguste), caporal au 40.e de ligne, blessé.

Jeandet (Jean-Joseph), tambour au 13.e de ligne, blessé.

Jobert, négociant, rue Bât-d'Argent, n.º 9, blessé.

Jolivet (Michel), soldat au 66.ᵉ de ligne, blessé.

Joly (Jean), voltigeur au 66.ᵉ de ligne, blessé.

Jousseau (Jean-François), grenadier au 66.ᵉ, blessé.

Jumain (Joseph), dragon au 12.ᵉ régiment, blessé.

Lafon (Alexis), fusilier au 13.ᵉ de ligne, blessé.

Laïs (Victor), voltigeur au 66.ᵉ, de ligne, blessé.

Laprade (Eléonor), fusilier au 66.ᵉ de ligne, mort.

Latour, négociant, rue Sirène, n.º 8, blessé.

Latreille (Despoyades), sergent au 66.ᵉ de ligne, blessé.

Laurent (Antoine), 19 ans, ouvrier en soie, côte des Carmélites, blessé.

Lavariéres (Claude), 24 ans, ouvrier en soie, mort.

Lebouc (Pierre), fusilier au 66.ᵉ, mort.

Lecourbe (Pierre), 34 ans, adjudant au 12.ᵉ dragons, tué d'un coup de feu sur le quai du Rhône.

Lecuyer (Louis), dragon au 12.ᵉ régiment, blessé.

Legendre (Clément), voltigeur au 66.ᵉ, blessé.

Legros (Louis), fusilier au 66.ᵉ, blessé.

Leloup (Joseph), fusilier au 66.ᵉ, blessé.

Lemarchand (Augustin), fusilier au 66.ᵉ, mort.

Lemesle (Julien), fusilier au 13.ᵉ de ligne, blessé.

Lenain (Jean-Baptiste), caporal au 66.ᵉ, blessé.

Léonard (Jean-Victor), voltigeur au 66.ᵉ, blessé.

Lesigne (Jean-Paul), grenadier au 66.ᵉ, blessé.

Lesloch (Clément), fusilier au 13.ᵉ de ligne, blessé.

Lespissard (Etienne-Alexandre), capitaine au 66.ᵉ, blessé.

Liberge (François), fusilier au 66.ᵉ, blessé.

Lièvre-Lousser, fusilier au 13.ᵉ de ligne, blessé.

Lioudon (Pierre), 16 ans, ouvrier en soie, rue de Condé, blessé.

Lombard (Jean-Baptiste), 16 ans, ouvrier en soie, rue St.-Georges, mort.

Lorau (Jean), 22 ans, dragon au 12.ᵉ régiment, blessé.

Machardon (Anthelme), 26 ans, pionnier, sans domicile, blessé.

Magnat (Etienne), 52 ans, ébéniste, mort.

Magnolet (Antoine), 31 ans, menuisier, blessé.

Maillochon (Denis), voltigeur au 66.ᵉ de ligne, blessé.

Maisonnette (Nicolas), 36 ans, fabricant, rue St.-Marcel, mort d'une balle dans le ventre.

Malet (Aubin), 22 ans, ... au 66.ᵉ, mort.

Manuel, commis, rue de l'Arbresec, blessé.

Marie (Amable), voltigeur au 66.ᵉ, blessé.

Marter, 22 ans, fusilier au 66.ᵉ, blessé.

Martin (François), voltigeur au 66.ᵉ, mort.

Martinet, commis-négociant, rue Buisson, mort.

Martinet (Joseph-Nicolas), grenadier au 13.ᵉ, blessé.

Massard (Jean-Marie), 50 ans, tréfileur à St.-Genis-Laval, mort.

Mauduit (Xavier), voltigeur au 66.ᵉ, mort.

Maugne (Jean), fusilier au 66.ᵉ, blessé.

Maupou (Denis), voltigeur au 13.ᵉ de ligne, mort.

Maurin, 28 ans, sergent de la garde nationale de Vaise, blessé.

Mayer (Charles), sous-lieutenant au 66.ᵉ, mort.

Maziares (Paul-Marie), 33 ans, ouvrier en soie, mort.

Merilloux (Michel), voltigeur au 40.ᵉ de ligne, blessé.

Meury (Claude), 45 ans, passementier, place Louis XVI, aux Brotteaux, blessé.

Michelin (Lazare), fusilier au 13.ᵉ de ligne, blessé.

Miègres (D.ᵉˡˡᵉ Marie-Josephine), 33 ans, morte.

Mignot (Antoine), maréchal-des-logis au 12.ᵉ dragons, blessé.

Millon, négociant, rue Sirène, coup de feu à la jambe.

Minet (Antoine), 57 ans, affaneur, rue Tavernier, blessé.

Monin (Louis), 31 ans, mort.

Montigon (Thomas), 20 ans, ouvrier en soie, rue Bonnevaux, blessé.

Monville (Georges), fusilier au 66.e de ligne, blessé.

Moreau (Dominique), soldat du train d'artillerie, mort.

Moreau (Jacques), 23 ans, fusilier au 66.e, blessé.

Mouchon (Louis), 38 ans, journalier, rue Bourgchanin, blessé.

Moulin (Jean-Pierre), 32 ans, ouvrier en soie, rue de Fleurieux, blessé.

Munaret (Louis), 19 ans, peignier, rue St.-Georges, blessé.

Mutzig (Jean), fusilier au 13.e de ligne, blessé.

Nardon (Didier), 30 ans, ouvrier en soie, montée Rey, à la Croix-Rousse, blessé.

Nicolas (Claude), 27 ans, tisserand, à Vaise, mort.

Noël (Victor), fusilier au 66.e de ligne, blessé.

Noirjean (Didier), fusilier au 13.e de ligne, blessé.

Olivier (Michel), 23 ans, journalier, blessé.

Ollagnon (Jean-Claude), 22 ans, teinturier, rue Bouteille, mort.

Ollard (Benoîte), 65 ans, journalière, quai de Pierre-Scise, blessée.

Oster, 27 ans, sergent au 40.e de ligne, blessé.

Paine (Jean), 24 ans, grenadier au 40.e de ligne, blessé.

Pascal, 56 ans, affaneur, à la Croix-Rousse, mort.

Paul (Jean-Daniel), 17 ans, ouvrier en soie, montée Ste.-Catherine, à la Croix-Rousse, mort.

Payet (Ferdinand), fusilier au 66.e de ligne, blessé.

Pecourt (Jean-Baptiste), voltigeur au 66.e, blessé.

Pelletier (Louis), 18 ans, ouvrier en soie, montée Rey, à la Croix-Rousse, blessé.

Percelin (Louis), fusilier au 66.e de ligne, blessé.

Peronnet (Nicolas), 20 aus, journalier, cours Bourbon, à la Guillotière, blessé.

Perret (Antoine), 18 ans, ouvrier en soie, quai Puits-du-Sel, blessé.

Perret (François), 29 ans, boucher, à St.-Symphorien-d'Ozon, blessé.

Perrier (Michel-Ange), avocat, 26 ans, quai de la Baleine, blessé.

Perrodon (Magdelaine), 20 ans, journalière, de Cublize, sans domicile, blessée.

Petit (Auguste), voltigeur au 66.e de ligne, blessé.

Peyclet (Jean-Christophe-Edouard), de Besançou, 27 ans, clerc de notaire, place des Célestins, coup de feu au bras.

Peyclier (Désiré), 31 ans, pileur de drogues, rue Bourg-chanin, blessé.

Philippon (Antoine), 70 ans, scieur-de-long, quai Bourg-neuf, mort.

Picat (Alpinien), fusilier au 13.e de ligne, blessé.

Picod (Jean-Baptiste), 29 ans, charretier, rue de la Charité, blessé.

Pitrat (Claude), 24 ans, dessinateur, rue St.-Côme, mort.

Plessis (François), 15 ans, ouvrier en soie, rue Tolozan, blessé.

Pocheret (Jean), dragon au 12.e régiment, blessé.

Poisson (Jules-Antoine), fusilier au 13.e de ligne, mort.

Porchet (Jérôme), dragon au 12.e régiment, blessé.

Potin (Louis), 22 ans, mort.

Poujol (Antoine), 22 ans, ouvrier en soie, mort.

Prekin (Pierre), fusilier au 66.e de ligne, blessé.

Prevost (François), fusilier au 40.e de ligne, blessé.

Prieur (Nicolas), dragon au 12.e régiment, blessé.

Protois (Alexis), fusilier au 13.e de ligne, mort.

Quintau (Joseph), dragon au 12.e régiment, mort.

Raymond (Etienne), 53 ans, teinturier, rue Thomassin, blessé.

Reboul (Jean-Louis), 20 ans, tailleur, rue Ferrandière, mort.

Regny (Etienne), 24 ans, maçon, rue Thomassin, blessé.

Reinhart (François), 3o ans, tailleur, faubourg St.-Clair, blessé.

Remillieux (André), 31 ans, ouvrier en soie, rue des Fossés, à la Croix-Rousse, blessé.

Renaud (Jean), 15 ans, lanceur, blessé.

Revel (François), 27 ans, blessé.

Rey (François), 5g ans, voiturier, rue Malesherbes, aux Brotteaux, blessé.

Rey (Jean), 28 ans, mort.

Richard (François), 20 ans, tailleur, blessé.

Richard (Jeanne-Rose), 31 ans, journalière, Savoyarde, grande rue, à la Guillotière, blessée.

Richard, 20 ans, négociant, quai St.-Antoine, blessure grave.

Richter (Théodore), dragon au 12.e régiment, blessé.

Rigaud (Auguste), maréchal-des-logis au 12.e régiment de dragons, blessé.

Rimbold (Barbe), 22 ans, domestique, cours Morand, aux Brotteaux, blessée.

Ristou (Gabriel), fusilier au 66.e de ligne, blessé.

Robert, aux bains de rue Mulet, blessé.

Rolland (Claude), 15 ans, plieur de soie, rue des Petits-Pères, blessé.

Rollin, sous-officier du génie, blessé.

Rollin (Sébastien), voltigeur au 66.e, de ligne, blessé.

Rollion (Jean), 35 ans, cordonnier, rue Paradis, blessé.

Ronde (François), dragon au 12.e régiment, blessé.

Rondot (Nicolas), 32 ans, cordonnier, rue Tupin, mort.

Roure, négociant, rue de la Gerbe, blessé.

Sabau (Pierre-Louis), voltigeur au 66.e de ligne, blessé.

Sablet, chapelier, mort.

St.-Geniez (baron), lieutenant-général, blessé d'une balle à la jambe, à St.-Clair, porté à Trévoux.

Salomon (Joseph), 17 ans, ouvrier en soie, savoyard, rue des Tables-Claudiennes, blessé.

Samson (Jean), 25 ans, fusilier au 66.e de ligne, blessé.

Schirmer (Louis), 34 ans, dessinateur, mort.

Schnéider Charles), dragon au 12.e régiment, blessé.

Seguin (Jean), fusilier au 66.e de ligne, blessé.

Serviette, 52 ans, serrurier, rue du Chapitre, blessé.

Sennequin (Jean-Alexandre), sous-lieutenant au 66.e de ligne, mort.

Seyvon (demoiselle), le père marchand de vin, aux Brotteaux, morte.

Simonnet (Jean-Baptiste), 25 ans, indienneur, rue de Chartres, blessé.

Sommie, ouvrier en soie, Grande-Côte, mort.

Spréafico, maréchal-des-logis de l'artillerie de la garde nationale, blessé.

Suc (Pierre-Joseph), 19 ans, tailleur, rue Dubois, mort.

Sucre (Jean), brigadier au 12.e dragons, blessé.

Suply (Nicolas), caporal au 66.e de ligne, blessé.

Treynet (Charles), 58 ans, quincaillier, rue du Puits-Pelu, mort.

Tabareau, directeur de l'école de la Martinière, rue des Forces, blessure grave.

Tante, 72 ans, menuisier, Grande-Côte, blessé.

Terrier (Simon), sergent au 66.e de ligne, blessé.

Tessier (Guillaume), fusilier au 13.e de ligne, blessé.

Testandier (Antoine), fusilier au 66.e de ligne, mort.

Thiyan (Louis), dragon au 12.e régiment, blessé.

Torreau (Victor), voltigeur au 66.e de ligne, blessé.

Touleau (François), fusilier au 13.ᵉ de ligne, blessé.

Traille (Jean-Baptiste), 14 ans, lanceur, rue Imbert-Colomès, blessé.

Urtin (François), fusilier au 13.ᵉ de ligne, blessé.

Vaché (D.ˡˡᵉ Louise), 32 ans, ouvrière en soie, morte.

Vapret (Nicolas), 40 ans, serrurier, sans domicile, blessé.

Vallot (Jean), 48 ans, maçon, Grande-Côte, blessé.

Veissel (Antoine), 44 ans, affaneur, rue de l'Hôpital, mort.

Vejax (Gabriel), grenadier au 13.ᵉ de ligne, blessé.

Vettard, 26 ans, ouvrier en soie, rue des Tables-Claudiennes, blessé.

Villarme (Jacques), 46 ans, lieutenant d'artillerie de la garde nationale, mort.

Vincent (Mathurin), 22 ans, grenadier au 66.ᵉ, blessé.

Westozer (Jean-Louis), 57 ans, ouvrier en soie, rue des Tables-Claudiennes, mort.

Wolf (Jacques), grenadier au 66.ᵉ de ligne, blessé.

RÉCAPITULATION

DES PERSONNES DÉSIGNÉES DANS CETTE NOTICE.

Morts . . . . 89.

Blessés . . . . 254.

Total . . . 343.

NOTES.

Plusieurs individus étrangers se mêlèrent le mercredi matin, 23 novembre, aux attroupemens qui saccageaient la maison Oriol et celle du port St.-Clair, et ils voulurent piller et se charger de butin.

Un homme et une femme furent fusillés sur-le-champ par les ouvriers eux-mêmes, d'autres furent blessés plus ou moins grièvement et ensuite traînés en prison ; de ce nombre étaient Jean Ottunberger, cordonnier ; Etienne Léonard et Annet Parès, maçons, et Adam Krafita, courtier de maisons.

Le premier a été condamné à quinze mois de prison et les trois autres à un an, par jugement de la police correctionnelle de Lyon, du 9 décembre dernier.

Des gens dignes de foi assurent qu'il y a eu à l'attaque du faubourg St.-Clair, le 23 au matin, 35 morts, et 75 blessés de part et d'autre. Les blessés militaires furent transportés à Trévoux.

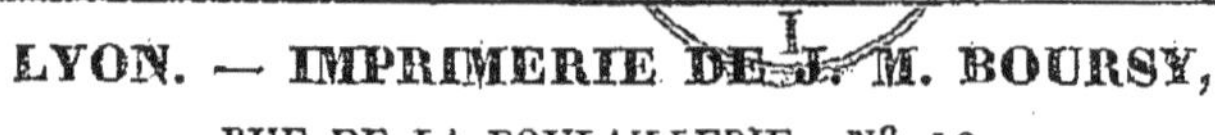

LYON. — IMPRIMERIE DE J. M. BOURSY,
RUE DE LA POULAILLERIE, N° 19.

9 782014 052534